ПРОСВЕТА

Наслов оригинала:
Pascale Roze
LETTRE D'ETE
© Editions Albin Michel S.A., 2000

Паскал Роз

ЛЕТЊЕ ПИСМО (ТОЛСТОЈУ)

Превела с француског
Анђа Петровић

ПРОСВЕТА

За Клода

25. јун 1999.

Ево. Пишем ти.

Нико не може тврдити да не можеш ово прочитати.

Једнога дана нашла сам се у болници пред умрлим човеком. Била сам сама са лекарем. Почела сам да размишљам гласно: зашто је овај човек цркавао као пас, без породице око себе. Лекар је ставио прст на уста. Пст, можда он чује. Ућутала сам. А мене је један болничар телефоном обавестио да је човек умро. Дојурила сам усред ноћи да бдим крај леша, да испуним обичаје. И, са једне стране, затекла сам себе како говорим речи које нисам никада никоме изрекла; са друге, један млади човек, новопечени научник, љубазно ме упозорава на претпоставку да лешеви могу чути. Човек је био у агонији недељу дана и има право на мир. Моје причање је било неувиђавно. Дала сам му за право.

Учини да не повредим твоје очи као што сам повредила уши човека у болници. Волим те и знам да не почиваш у миру, тамо у Јасној Пољани.

Теби пишем, Лаве Толстоју.

Дуго сам чекала. Бојала сам се. Не да ти пишем. Ти већ годинама бдиш нада мном и ја се не плашим твога присуства нити суда. Бојим се онога што имам да кажем. Мада ти то већ знаш. Зашто да те волим ако већ не знаш све? Када сам јутрос отворила врата своје канцеларије, био си ту. Срећан дан, помислила сам. А у грудима ми више није било страха, као да се одвојио од мене. Био је преда мном, на мојем столу. Могла сам да га видим. Камичак сажетијег изгледа. Села сам. Чула сам како закључаваш врата. То ме је и уплашило и обрадовало. Кућа спава. Прави тренутак. Не знам како је дошао. Кришом, у зору. Можда зато што је лето. Бојим се толико да ти пишем, као да су ми очи затворене, као да бацам речи на екран рачунара да их прогута тама. Чим напишем неку реч, одмах је обришем. А ти, стојиш иза мене. Мали, дуге браде, чупавих обрва, без зуба. Обучен си у ону своју сељачку кошуљу везану у појасу грубим кожним каишем. Стојиш иза мене, јасан као на слици, и читаш преко мојег рамена. Чујем твоје присуство.

Лето је. Зими, страх је тврд, збијен, тежак. Лети, живот врви у пукотинама, трава расте, расте. Дрвеће пева на сав глас. Косови од јутрос лудују. Речи ми навиру као ретка и кисела вода у грло, али свака ми доноси чежњу луде песме, слободне, разбарушене и победничке песме кôса који у овом тренутку звижди под мојим прозором. Теби пишем, Лаве Толстоју, јер си ти често певао као кос.

Теби пишем, Лаве Толстоју, љубави моја још од детињства. И зато што си ту, ја могу да пишем ово што желим да напишем.

Напросто, да не лажем. Човек не зна шта је истина. А шта је лаж, зна. Зна се то истога трена када је изговорена. Лаж је као пијавица. Војници причају да се од ње човек не може заштитити, не вреди да стеже ногавице панталона у рововима, да завија потколенице, оне се онако сићушне провуку кроз најситније рупице. А када се нађу на нози, нарасту пошто се напуне крвљу. Ситне лажи исисају сав говор, затрују читав говор, читаву књигу. Човек се може опити крвљу. Може му се учинити да је то лепо.

Уместо да ти пишем, више бих волела да ти сатима причам како сам срећна док читам, како сам радосна пред блиставом физичком тачношћу појединости које опажаш, како осећам да сам са тобом тамо негде, у неком митском свету који се зове Русија. Задивљена, хтела бих да ти кажем: ах! пригушени плач кнегињице Марије, ах! стари гроф Ростов који плеше руску игру „Данила Купер“, ах! лов на вукове у шумама на имању у Отрадном, ах! Наташини бркови направљени изгорелим запушачем, ах! чика Сергејев посечени прст, ах! Пећина смрт и жалопојка Денисова, ах! тужни и величанствени глас ушкопљенога шарца који прича животињама у обору о своме животу. И ти би био ту, и ја бих била ту, и пили бисмо чај на тераси, ти задовољни писац и ја одушевљена читатељка. И спустило би се вече. А ми бисмо још разговарали. И живот би био једноставан.

Али ти ниси био задовољан. Царским покретом руке збрисао си *Ану, Рат и мир,* тридесет година рада. А ја сам рођена у доба сумње. Умрло је, Љова, време када бисмо могли бити срећни. Ми носимо чежњу за неким немогућим писањем, за неким ослобођеним писањем.

Помози ми. Сматрај ме једним од многобројних молилаца који су те чекали у Јасној за мало новца, за неку помоћ код власти. Мени је потребно више: да будеш крај мене стално када пишем. Једно писмо се може писати врло дуго, можемо му се враћати сто пута, можемо одлучити чак и да га не пошаљемо. А то што је могуће све бацити, умањује мој страх. Остани овде, молим те.

А кос звижди.

Пре три године.

Налазим се у реанимацији. Имам температуру. Хирург чека да она падне па да ме оперише. Дају ми морфијум да престане бол. Много спавам.

Могла сам умрети, бити са тобом у земљи сенки или разговарати седећи у облацима. Нестала. Ја, нестала.

Нема ме више.

Било ми је потребно три године да бих исписала ове речи. Читам их. Не разумем их.

Пре три године замало нисам умрла од пуцања анеуризме у глави и од пре три године покушавам да ти опишем тај осећај, али чим седнем за сто, умукнем. Мисао ми се зауставља, оловка ми се кочи. Писање ће ми опет отворити каротиду. Читај са мном, Љова, читај опет, читај гласно, а ако видиш да губим свест, одмах пробуди Велико Срце, он зна шта треба урадити. У разговорима сам причала о своме случају људима које сам сретала и волела. Причала сам о томе као о чудесном доживљају, као о подвигу. Нисам никада могла да размишљам о томе. Од пре три године живела сам вољно потискујући устрану тај месец дана својег живота. Смрт која се приближава дође можда као настајање љубави. Доживљавамо је не желећи да је гледамо. Покривамо очи. Једнога дана љубав умире и тек тада покушавамо да схватимо. О смрти говоримо када она није ту. А када је близу, ћутимо о њој. А можда ван тог ћутања и нема ничега.

Дуго сам у сан урањала у страху да ће се пластична копча коју је хирург ставио у моју главу откачити док спавам. Једне вечери нисам на то помислила. Не знам зашто, страх је посустао. Не схватам механизам страха, како настаје, како нестаје. Данас се чудим што могу да ти пишем. Зашто једнога дана можемо оно што још јуче нисмо могли? Покушавам да научим да подносим замисао како страх може било када да се пробуди и да ме окамени. А сазнање да си и ти патио од истих напада мени помаже.

Лежим у кревету болнице Питје-Салпетријер. Боли ме глава. Немам више очију, немам коже. Бол живи у мени, без мене. Не могу да устанем. Мокрим у посуду. Веома сам слаба. Осмехујем се када ме неко посети.

Не може се човек ту борити, треба само издржати. Време ту ништа не значи. Видим да долази дан, видим да пада вече, али не знам колико дан траје. Када се пробудим, не могу да знам јесам ли спавала два сата или пет минута.

Љова, из ове куће у којој сам жива, окрећем се према болници Питје-Салпетријер и гледам. И видим себе. И покушавам да се вратим тамо, у постељу. Прихватам ту опасност да гледам уназад, да сада нађем речи од пре три године. Тражим неку окосницу речи. Без умекшавања. Без нежности. Па је упућујем теби, теби који су умро, теби који си око мене, а који си био одсутан онај месец дана мојег живота. А прва истина која ми сада у очи пада јесте да у току тог месеца својег живота никако нисам мислила ни на тебе ни на књижевност.

Била сам добро, много сам радила и осећала се срећном. Мој први роман ће бити објављен. Понекада сам била уморна, и то је све. А вече уочи тога, имала сам састанак са Великим Срцем. Замало нисам отказала. Хватао ме дремеж. Али он је тек прочитао последњу верзију романа *Ловац нула* коју је требало да предам издавачу, па сам журила да разговарамо о томе. Оптеретила сам се. Вечерали смо код „Хангара“. Као и сваки пут, наручили смо „говедину Строганов“ − не знам да ли је то стварно неко руско јело, опрости ми, можда тај назив употребљавају само странци − а онда ми је он рекао браво. Мој умор је нестао и помислила сам: такав је често умор, тешкоћа коју треба савладати. Човек поверује да више не може, да је сломљен, али ако има храбрости да издржи још сат-два, осети се као да је васкрсао. Сутрадан, 3. маја у петак, будилник ми звони у седам сати, јер имам рано час на универзитету, али не могу да устанем. Одустајем. Мало ме боли глава, али верујем да је то од вина. Следећи час почиње у једанаест, час стилистике, проучавање Малармеовог сонета *Здравица*. Помишљам: устаћу за тај час, па ћу се вратити кући да легнем. Тако и урадим, иако се осећам исцрпљеном. Песма се завршава стихом: *Бели невен нашега једра*. Професор даје учена објашњења која ме дословно задивљују. И данас се сећам три „изотопије“ песме. Волим ритам осмосложних стихова, а ја која тако споро долазим до речи, сигурна сам да сам на својем скромноме месту укључена у то дарежљиво **ми** у последњем стиху. Осећам да сам ту, управо тамо где треба да будем и радујем се што сам се потрудила да дођем. А могла сам тамо и да умрем. То би могло бити непријатно за друге, али не би било без смисла у односу на мене. Вратити се у мојим годинама у школу и тамо умрети. Чути ту *бели невен нашега једра,* тренутак пре него што ми крв замрачи поглед. Враћам се кући, покушавам да нешто презалогајим, лежем, покушавам да заспим. Чини ми се као да се враћа моја стара пратиља спазмофилија. Неко звони на вратима. Петнаест је сати, вероватно професор клавира моје кћери. Помишљам: Аксел касни. Устајем. Падам док отварам врата. Када се пробудим, око мене ужурбани људи, моја кћи, настојница, њен муж, људи из хитне помоћи. Чујем да телефоном разговарају са лекарем. Одједанпут почиње бол на десној страни главе. Помишљам: лице ми се криви и очи ми се коче као клинови. Ту реченицу сам написала у *Ловцу.* И одмах се разљутим: знала си, знала си да писање није нешто безазлено и да није требало да пишеш то, ту причу. А за све то време ја се будим. Не могу више да говорим. Изговарам неке неразумљиве речи. Показујем на своју главу. Појављује ми се нека друга слика: рукавица. Лице ми се окреће, кожа ми се пење уз лобању. Људи из хитне ме полажу на носила, односе ме у болницу ради испитивања. Моја кћи трчи поред камиона. Чујем је како пита може ли да пође. Болничари је пуштају да уђе. Она седи на клупици и ја видим њено лице, озбиљно, уздржано, одлучна је. Нећу то никада заборавити. Нека то остане у ситу, сада када сам постала сито. Много ме боли. У глави осећам труцкање камиона, поскакивање на „лежећим полицајцима". Али нисам уопште уплашена. Када год се повратим из несвестице, мозак ми ради прецизно, методично, без имало узбуђења. Последње што видим: улазак у болницу Биша. Реч скенер. Затим рупа. Прва права рупа.

Нестати кроз врата болнице за хитну помоћ, док једно дете остаје само. Дете само̑ са мајком која одлази, само̑ са сећањем на мајку која лежи под покривачем. Дају му одећу у којој је она била и дете се враћа са том мајчином одећом. То је све што му остаје. Оно загњури нос да је омирише, као пас. Или је баца у корпу за прљаво рубље и телефонира другарима. А мајка остаје у тами, тамо, у каналу скенера и у крви која јој облива мозак. Не, ћути. Немаш права да замишљаш, немаш права да измишљаш те слике. Страх је пред тобом, на одстојању. А ти га сада премешташ унутра. Треба једино покушати да сазнаш шта си доживела, а да ништа не замишљаш.

Рећи истину, једино истину, ону која носи печат доживљеног. Не допустити себи да пишеш нешто друго. Да украшаваш. Понекада помишљам да је то једини излаз, да пред пунокрвношћу текстова, пред бескрајним гранањем свих истражених, свих исцрпених облика, остаје само један ослонац, једина законитост писања: доживљено, једини залог: пренети то у језик огољен као бројке. Са једином разликом што се речи додају, а никада се не повлаче. Реч забележена, сачувана, остаје то заувек.

Понекада помислим да је *лагати истинито* само подвала, намештаљка, доказ наше немоћи или нејасноће која је у нама.

Служба за реанимацију болнице Питје-Салпетријер. Не знам како сам дошла овамо. Не знам како сам отворила очи. Недалеко од мога кревета је један болесник привезан као и ја за машине које почињу да неподношљиво урлају. А он се и не чује. Овде нико не виче. Сви смо сувише слаби. Нисам никако могла да га видим, јер би требало да седим у кревету, а то је забрањено. Не знам да ли је умро.

У време када су дозвољене посете, два пута по пола сата, никада нисам сама. Моја породица, две најдраже пријатељице, Анета наша пријатељица лекарка, смењују се крај моје постеље. Ја тражим да дођу сви, али болничарка их тера: не више од две особе истовремено. Онда они чекају у ходнику, а мени је то жао. Како да стоје у ходнику чекајући милост да ме виде? Мама ми доноси јагоде, њихово је време. Франсоа и Аксел су ми поклонили две индијанске наруквице. Сви су тако добри.

Кажу ми: будите спокојни, немојте ни о чему бринути. Али ја треба управо да припремам испите и то ме брине. И то је нама, Љова, заједничко и ја те због тога много волим. Било ти је четрдесет две године када си учио грчки. Довео си професора и прилегао на учење као луд. А непосредно пре тога, прочитао си целога Шопенхауера, задивљен, незасит. Вечити студент. И ја сам као ти. Али ти си самоуки и жестоки студент, а ја сам потчињена студенткиња која обожава своје учитеље. Свакако си у праву када са својим уобичајним угледом тврдиш да су девојке боље ученице него младићи, јер их ступањ хистеричности чини пријемчивијим за хипнозу коју примењују професори. Најбоље су у разреду! Није важно. Обоје се радујемо када учимо, као деца, више него деца.

Видиш, Љова, не примећујем ја да сам жива само по куцању свога срца, него и по томе што мислим на тебе, и по везама које се неосетно успостављају између нас, по ономе прожимању тебе са мном које десетоструко појачава моје осећање и радост што живим.

А на универзитету, чини ми се да је она трака текстова што тече од Хомера огромно расположиво благо. На универзитету књиге су отворене. Чекају да их неко оплени. Чекају да их неко поједе. Има их довољно за свакога. А то се не зна. Младеж са којом радим у оквиру Правне заштите омладине нема никакве хране за своју машту. Мршаву машту, јер се не храни. Кажем им да читају Превера. *Пољуби ме.* Летиција не може да схвати да књиге могу и о томе говорити. Видим да је узбуђена. Хтела би да зна песму напамет. Много волим код тебе ону бригу коју си показивао према школи. Да се састави буквар. Да лично постанеш учитељ деци својег села. Ја настојим да књиге постану потреба свакоме. А и ти, читала сам о томе, задавао си сељачкој деци из своје школе да пишу причице, хтео си да их објављујеш. И сада радимо исто. Настављамо са истим безазленостима. Оне нас и покрећу, а не писање теорија.

У селу у којем ти ово пишем има још само четворо деце. Школа је затворена. Више је имена уклесаних на надгробним споменицима него живих радно способних. Споменик погинулима је испред затворене школе, поред саме наше куће. Ишла сам да читам једно по једно име. Она из рата од 1940. додата су у простор који је остао иза оних из рата од 1914. године. Четири према шеснаест. Нису људи увек спремни за исту кланицу.

Радим то често у селима: читам имена палих за домовину. Ја мислим на њих, на ту историју која се губи. Изгледа да су нашу кућу били заузели Немци. Власник имања ми прича како је официр који је ту становао био пристојан, чак љубазан, и како је био очајан што је одређен да иде на руско ратиште. Знао је да иде на кланицу. Војници из његовога пука су се крили по шумама овога краја да не би отишли на руски фронт. О тим стварима се не зна, а оне нас међусобно зближавају.

Мама каже да је хирург долазио да ме посети, да ми је објашњавао мој случај. Чека да ми оперише неки крвни спазам. Хоћу да јој верујем, али ничега се не сећам. Није то заборавност, нешто чега ћу се сетити после неке назнаке или колачића. То је као да није ни било. Први пут схватам да је моја глава постала сито. Има ствари из мојег живота које падају право у рупу. Већ је три године откада сам изишла из болнице, а моје памћење је и даље као сито. Велике рупе које је у њему отворило пуцање анеуризме више не постоје, али се појавило хиљаду рупица кроз које се губи свест о месту на којем сам оставила неку ствар или о месту на којем сам паркирала аутомобил, тако да лутам по својем крају и да се тек случајно опоравим па нађем металну плочицу са својим именом. Знам да ће све мало-помало нестајати, падати у рупе, знам то, осећам. Нестаће сећања на љубави –

је ли, како оно беше када си ме љубио? − на пуначко тело мојег детета. Сва ће отићи осим оних које човек жели да може избрисати: зло које је учинио и оно које је њему учињено.

Једнога јутра, нека госпођа ми ставља на уши апарат да би измерила циркулацију крви у мојој глави. Чујем шумор мора, све правилније, све брже. Они таласи су моја крв. Не могу да не употребим метафоре да бих ти причала о своме телу, о ономе што осећам. Моје тело је моје најближе добро, а ја га ипак познајем само посредством нечега другог. Имам тачне речи да означим његову спољашност: мршаво је, бело, кошчато. Али немам их за унутрашњост, супротно од ових овде људи који ме прожимају камерама и стављају на сваки његов елемент неку реч која мени не значи ништа. Унутрашњост мојега тела за мене је страни језик. И онда им га дајем. Узмите га. Бодите га, испитујте. Снимање магнетном резонанцом, артериографија, отварање лобање, уђите ми у главу, отворите ми мозак. Моје тело је предмет који вам предајем са олакшањем, са поверењем. Хвала.

Слабо се сећам особина свога бола, сећам се само како ми се чинило да ме је обузео, смрвио, да се у мене настанио неко ко није ја. Нисам способна да говорим о том болу. Данас када патим од мигрене, страхујем да опет не опазим како долази тај познати бол, ону навалу крви у мозак услед пуцања анеуризме. Ако се икада опет појави.

Читаш ово што ти пишем и помишљаш: много је патила. Сви мисле тако. А теби признајем истину: да, болело ме је, али бол није био ништа, дословно ништа, ситница. Доказ: већ се завукао у рупице сита. Оно што остаје, оно што је било мој најдубљи доживљај поводом прскању анеуризме и за време боравка у болници — а то пишем овде да би ти могао да ме подсетиш на ту успомену ако ми и она умакне — називам другим именом: радост, да, радост. Не нека радост, или радости, него радост. У болници Питје-Салпетријер, када немам бола, живот је тако снажно задовољство да сам непрекидно узбуђена. Поједем три залогаја резанаца са шунком и то је краљевско уживање, неупоредиво уживање. Шест месеци касније, да бисмо прославили моју Награду Гонкур, издавач ме је позвао у ресторан „Кавијар Каспија" где сам први пут пробала сиви кавијар из Ирана. То је без сумње било прекрасно, али ја сам мислила на оне резанце у болници и, мада супротно од тебе, нимало ми се не свиђа овсена каша, кавијар једва да је издржао поређење. Окрећем поглед према светлости која обасјава собу, каква светлост, каква видљивост кроз прозор. Видим месец мај на небу. Осећам свежину Наталијине шаке која узима моју руку да ми да ињекцију. Како је њен додир нежан! И глас! Како неко може имати тако ваздушасти глас? Она и главна сестра постављају изнад узглавља мога кревета кесу-умиваоник и заједно ми перу косу. Изливају ми на главу канту воде. Млазеви млаке воде ми се сливају на кожу, а затим у кесу. Наталија нежно трља. Веома је прибрана, ништа ми не говори. Нимало не притиска и ја осећам сваки од њених меких прстију. Затим ме брише фротиром, милује ме фротиром, па убрусом. Ко је још имао такву фризерку? Права је светица.

Овде немам кошмаре док спавам. Често сањам да је Божић. Видим јелку чије су гране окићене свећицама. Видим светиљке. Сада, наравно, мислим на твојег Ивана Иљича. Он сања како га гурају у неки црни џак, а на дну џака има светлости. Чак и Ана Карењина види светлост. Многи од оних који су доживели искуство краја, они што су се пробудили из коме кажу да су видели светлост. Ја сам видела божићне свећице, мноштво топлих пламенчића. Је ли то била смрт? Све застрашујуће слике са којима живим још од детињства, комади тапета што висе по зидовима порушених кућа, дробљење искидане гвожђурије и привиђења саобраћајних удеса, камиона што ударају у зидове, па слике из Аушвица, Судана, запаљивих бомби, све оне слике које је историја оставила у уобразиљи да би од њих направила језгро зебње, хоће ли све то бити отерано, уништено тако спокојном светлошћу свећица са јелке? Каква шала!

A то осећање да напуштам нормалан ток ствари које ми изненада падају на плећа, онај страх да ћу заборавити како се говори – као моја бака која је пред крај живота бркала речи које садрже сличне звуке, као ташна и брашно и слично –, да више нећу распознавати значење предмета, да ћу с временом постати некаква материја без осећаја, све то што сам видела као свакодневно започињање мојега краја – било је, значи, обична болесна опсена? Умрећу пошто заспим поред божићне јелке, спремна да прихватим смрт као дар што се ставља у ципеле. Ето смрти која ми је била намењена ако би лоше прошао очекивани и застрашујући спазам крвних судова, или ако мој мозак не би поднео отварање лобање.

Лако је одговорити: било је то због морфијума. Да, због морфијума. Питала сам и друге болеснике. Нико не употребљава реч радост, али они који су га доста узимали сведоче о дубоком осећању блаженства, лакоће, еуфорије. Да, био је то морфијум, иако лексикони „Пети Робер" и стари „Медицински Ларус" Великог Срца, као и ти, обузет бригом о своме здрављу, помињу само његово успављујуће деловање и ублажавање бола. Иако сам у породици често слушала о опасности коју опијум доноси белцима у колонијама: они не постају срећни, него изгубљени људи.

Да, разумем да је у мојој радости било хемије, механике. Прихватам то и није ме брига. Суштина није била у томе.

Прихватам да је моја радост била увећана ретроспективним ефектом чињенице да сам преживела, осећањем да сам избегла најгоре. Прихватам то и није ме брига. Суштина није у томе.

Заузврат, оно што не могу да прихватим јесте то о чему ти пишеш са толико мајсторства: да умирање доноси радост. Заиста не, јер оно што сам ја осећала било је управо супротно; ето због чега хоћу да се ухватим у коштац са тобом, да те уверавам и протресам као шљивино стабло све док ти не прихватиш, да ја, да, да ја имам хиљаду разлога да живим и наставим живети овај живот у истинској радости особе која је жива.

Доводи ме Служба хитне медицинске помоћи. Нико ме не познаје. Чине све да ме спасу. Спасавају ме. А шта сам ја за све те људе? Ништа. Рећи ћеш ми: за то су плаћени. Истина је. Рећи ћеш ми: они спасавају сами себе, твој случај је огледало које им пружаш. Истина је. Не смета, моја истинска радост долази отуда што се цео месец дана није нашла ама ни једна особа која не жели да живим и која ми због тога не поклања највећу могућу пажњу, потпуну доброту. А све те особе се нису тако понашале према мени као изузетку или зато што сам им симпатична.

Не, оне су само радиле свој посао. А могле су то да раде зато што је, у овом случају, организација друштва била окренута према жељи да ме спасу, мене, мене. Да спасу мене, мене, читава болница, а иза болнице читаво једно истраживање, једна техника, једна индустрија. Други хоће да ја живим. Ето, то сам открила.

Иако ми је кожа већ изборана, није важно, тако сам малена и препуштам се општем доброчинству. Месец дана сам у болници проживљавала детињство какво ниједно дете неће никада проживети, детињство које отвара пут свим могућим детињствима. За мене, одрасли су умели да буду јачи од смрти и да све своје односе ставе под знак доброте. Потајно поверење је почивало негде у дубини моје душе, недирнуто, неупотребљено и поклонила сам га без одступнице. Нисам посумњала ни за тренутак. И била сам у праву. Мушкарци и жене су ме узели за руку и отели ме од Нерона и Калигуле. Током месец дана, без имало моје заслуге, а по мери моје личности, свет је био у својој суштини добар. Наклоност судбине, интелигенција и људска племенитост. А да ја нисам баш ништа учинила. Дар. Треба то рећи, Љова. А ко ће то рећи ако не ја, усред овога лета које обележавају вести о рату на Косову?

Током месец дана, за четрдесет франака дневно, што чини хиљаду двеста франака колико сам платила друштву, сваког тренутка сам проживљавала искорењивање зла. Треба то рећи, Љова. Мораш веровати. Ова искуства се не доживљавају само у твојим заједницама без насиља. То се може догађати и у оквиру најразвијенијег друштва, на крајњем врхунцу нашега друштвеног уређења. Говорим у име свих оних које Служба хитне медицинске помоћи доводи у станице за хитну помоћ. Наша важност је мања од важности живота које је сломио рат или реструктурисање друштава. Али ми смо ту и ја ти забрањујем да нас прецрташ зато што је наука измислила топовски барут. Не зато што је мој живот важан. Не знам да ли је мој живот значајан за друге осим за мене и моје ближње. Него стога што је живот свих болничких екипа важан. Кад год приме неког болесника, они вичу да си се преварио и да се може претпоставити да постоји бар један случај у којем друштво не жели смрт најслабијега. Ја сам то доживела, Љова, чуј шта ти кажем.

Било је то веома узбудљиво искуство, у исто време чулно, осећајно и филозофско. Оно је у мени. Оно хоће да живим. И чудно, оно ме је учинило изузетно осетљивом – понекада чак до замора – на муке осталих, нарочито мојих најближих. Као да је она превелика радост осветљавала своје наличје, повећавала сазнање о својем наличју. Лице Великог Срца када каже да му је хладно...

Не могу да кажем ништа друго осим те лудости: болница је била срећа, потресна срећа. Када тако мислим, Љова, догађа ми се да се уплашим да сам полудела. Да нисам нормална.

Плашим се и своје среће. Како поднети сопствену срећу? Наклоност судбине према себи? Неколико дана пре него што ми се ово догодило, директор једног часописа ми је понудио да напишем новелу. Одмах сам прихватила, жељна израза захвалности. Позивам га месец дана по изласку из болнице. Објашњавам му разлоге кашњења. Он прекида разговор. И његова жена је умрла од прскања анеуризме. Неподношљива му је моја себична радост. Прекида везу.

А то је као да срећа доживљена у болници поткрепљује другу срећу, ону која ме обузима од пре три месеца. Моја књига, мој *Ловац нула*, биће објављена. Готово да не поверујем. Изићи ће крајем лета. На њу мислим чим останем сама на кревету за реанимацију. Видим ту књигу која још не постоји како лежи на књижарским столовима. Замишљам људе како је узимају, прелиставају. Неизмерна срећа ме обузима, придружује ми се. Удахњује ме као вакуум да не паднем у рупу мртвих. Немогуће је да не будем тамо за тај догађај. У тој радости бркам хирурга и издавача. Није ми потребно да знам да сам спасена па да ме обузме захвалност.

За то време, док ја пливам у својој срећи, несвесна опасности у којој сам, остали трпе. Они који ме воле гутају свој страх. Моја кћи испољава изузетну снагу. Хирург ме још не оперише због спазма крвних судова.

Велико Срце је послао уместо мене издавачу рукопис *Ловца нула*, а онда је збрисао у Боготу. Ако умрем, Велико Срце неће бити ту. То је нормално. Прави болесник је он. Ја сам отела његову улогу и то је неподношљиво. У нашој заједници улоге су овако подељене: живот за мене, смрт за њега. Он треба да гледа у мени призор живота, а ја треба да гледам у њему призор смрти. То нам је као обавеза, задатак који не можемо да избегнемо. Он већ све растура. Управо тако. Неће да се меша у породичну жалопојку. Мада се виђамо сваки дан, за Нову годину ми је послао честитку. А пошто зна да те волим, изабрао је једну твоју фотографију на којој имаш бар осамдесет година и јашеш коња кроз руско село – то је фотографија коју држим на радном столу. (Сунце, мирис земље, корак, дах твога коња, када год посматрам ту фотографију ја сам са тобом, Љова, жива са тобом у руском селу, умирући од чежње.) А он завршава овим речима: „Пре него што ступимо на земљу последњи пут“. Велико Срце није могао замислити да бих му могла приредити непријатност да сиђем са коња пре њега, те исте године. Он не води довољно рачуна о ономе што говори.

Написала сам му писамце и замолила Аксел да му пошаље факсом. Рукопис ми је у почетку био чврст, затим је постао сасвим дрхтав, редови су падали према дну листа. Иако сам била упола дрогирана, запањила ме је сопствена изопаченост: ти радиш што год те воља на другоме крају света, али погледај мој рукопис, види како сам слаба док пишем и како умирем. Ниси схватио да сам ти казала „иди, иди" да бих ти рекла да останеш? А ако је умирање само знак изопачености? Постоји нешто за шта сам веома жива, а то је љубавно сплеткарење. Умирем да бих гњавила Велико Срце.

А моја кћи је ван било каквог сплеткарења. Она је чиста као најчистији дијамант. Она је природни нагон живота у његовој суштини. Њена воља је запрепашћујућа. Никада ми није допустила да је видим забринуту. Ту је сваки дан, са осмехом на уснама. Осећам њену снагу. Поставља у дну мога кревета фотографије људи које волим, да би били у мојој соби. Кипти од замисли како да будем што више поред живих.

То те не подсећа ни на шта?

Мене да. Подсећа ме на везени јастук. Када је твоја жена пошла у Астапово, пошто је од новинара сазнала да се тамо налазиш и да умиреш, понела је везени јастук на којем си имао обичај да спаваш. Забранили су јој да уђе у твоју собу, па је морала да моли лекара Маковицког да ти га подвуче под главу. Он је то урадио и измислио је неку причу о томе како је јастук ту доспео. А ти ниси ни знао да је то била пажња твоје жене. Није ни важно. Умро си на том јастуку. Преко јастука, поред тебе је била твоја жена. Умро си почивајући на њој. Лежећи на њој, издишући на њој. А за то време она је час плакала час викала у вагону нарочито изнајмљеном у Тули. Да ли си се узбудио при помисли на ваше шетње, ваше вечери поред лампи када је она преписивала твоје рукописе? Нећеш умрети, је л' да, пошто је твој јастук ту, а из њега се изливају толики таласи живота.

Овога пута се сећам, долазио је хирург. Гледа пано окачен на зиду. Кад год неко дође у моју собу, увек један тренутак гледа пано окачен на зиду. Ја му видим леђа, мало нагнуту главу са коврџавом косом. Каже ми: „Оперисаћу вас сутра или прекосутра". Примећујем да гризе нокте. Неко ће пипати мој мозак, неко на чијим прстима су изгрижени нокти. Када је отишао, први пут веома јасно помишљам како постоји опасност да се не пробудим. И не осећам ништа. Немам никаквих осећања. Мозак ми расуђује: велики су ти изгледи да сутра умреш. Али то остаје тек апстрактна мисао. У коју не верујем. Можда је моја способност да осећам већ као убијена. Тражим страх. Не налазим га. Глава ми каже да треба нешто учнити у присуству смрти, не знам шта, играти неку улогу, макар она била само могућност. Неизоставно треба да се правим као да верујем у могућност своје смрти, као да ћу умрети. Ово *као да* приказује ми се као једино јасно сећање да је смрт прошла. Кад год полази на пут, Велико Срце остави на видноме месту на столу свој тестамент и рукопис на којем ради, са напоменом: уништити не прочитавши. Сви његови папири су уредни и код њега се не може наћи ниједна прљава чарапа. Мени одједанпут пада на ум мисао. Нашла сам нешто што ми изгледа као да учествујем у сређивању својих последњих часова. Замолим сестру за хартију – то је хартија са заглављем болнице, као листићи за рецепте – и пишем писмо својем издавачу да, ако буде потребно, последње књижевне припреме мојих рукописа повери мојој пријатељици Јасмини. Покушавам да дам неки облик ономе што преживљавам. Радим оно што замишљам да треба да радим. Последња порука је као лош роман. Опростите ми. Борим се против непознатога. Моји аргументи су мршави, немам искуства и потпуно сам сама. Осећам да треба да уђем у неку категорију ставова. Пишем писмо, дајем га сестри. Све сам уморнија. Мислим да ме дроге савлађују. Хирург каже да ћу после операције можда имати парализу на левој страни или неку тешкоћу у говору, али да ће то бити пролазно. Овде сам већ дванаест дана. Како то да не осећам ниједан од својих уобичајених страхова? Ово што доживљавам, није тешко. Али замерам себи за патњу коју задајем својима, а чега сам свесна.

За време операције која траје пет сати обоје мојих родитеља седе у болничкој чекаоници. Када будем изишла, мама ће ми показати столице: овде смо чекали твој тата и ја. Моја кћи Аксел је у бистроу са Силвијом, једном од мојих врло младих пријатељица. Не знам где је Велико Срце. На носилима ме спуштају у подрум болнице. Зашто се оперише у подрумима? Хладно је. Видим два мушкарца које не познајем. Питам где је хирург. Одговарају ми: доћи ће касније, а ми ћемо вас припремити. Припремити? Сада помишљам на два К-ова послужитеља у *Замку* па ми је смешно. А онога дана то ме је растужило. Хтела бих да видим хирурга пре него што ме успавају. Веома сам слаба, без сумње веома опијена, а немам воље да се побуним.

Нисам мртва.

Када се пробудим, неко ме држи за руке а ја се отимам. У устима ми је нека цев која ме гуши. Хоћу да је истргнем. Врло брзо ми је скдају и ја се одмах осећам добро.

Медицинска сестра обавештава моју породицу: „Савршено је чиста. Као *никл*". То су њене речи. Не може се ни замислити колико су се радовали. Мислим да су се молили Богу. *Никл*. Касније ћу написати књигу са насловом *Гвожђурија*.

Нисам умрла. То су чињенице. Написала сам чињенице: имала сам прскање анеуризме 3. маја 1996. године и нисам умрла.

Најснажнија слика коју чувам у сећању а нисам је видела: моји отац и мајка једно поред другога чекају у холу док мене оперишу.

Доста је за данас, Љова, можеш да отвориш врата. Хајдемо напоље, на сунце.

Када сам почињала да ти пишем, драги Љова, у глави ми је било једно питање, а примећујем да сам допустила да се затворим у причу о својој болести. Мучи ме ово питање и ја га себи постављам, а не смем да га изговорим гласно када неко умире. Хтела бих да знам да ли си ти знао да си ушао у *процес умирања*? Мени се, ето, смрт била примакла, а ја је нисам ни видела ни осетила. Због тог питања сам и кренула да ти пишем, управо због њега, због оне зебње: може ли човек умрети а да не зна да умире? Љова, не прође ниједан дан — а то је смешно, признајем — а да телесно не осетим известност нестајања. Довољан је врло жив блесак неког погледа, па да замислим да је коначно непомичан. Очи самртника затварамо не бисмо ли поверовали да спава (нисам никада видела отворене очи некога умрлог), не слутећи да тиме трујемо његово представљање. Ако одлазим лекару, значи да се борим против смрти. Ако ми се извади зуб, мој леш почиње да се распада преко уста. Када купујем, смрт је рука на мојем врату, која ме зауставља насред улице док остали људи иду за својим пословима. Међутим, једини тренутак у животу када ни за секунду нисам ни видела ни осетила смрт, био је мој боравак у болници.

Да ли је то била ментална слабоумност (мозак ми је био повређен, губила сам памћење); је ли то било лудило, жестоко порицање стварности; или то значи, као што си ти рекао, да смрт није ништа? Ништа за онога ко је доживљава. Све за онога ко је види. Сада када знаш, осуђен си на ћутање. Овде си, поред мене, заштићена сам твојом сенком, ти ме читаш, слушаш ме, али си зазидан у своју слику. Да ли је неко измислио то мучење?

У време када смо били верници, у хришћанским земљама је постојала молитва којом се тражило од Бога да нас не позива к себи пре него што нам остави времена да се за то припремимо. Та молитва је нестала. Сада се сви надамо да ћемо умрети не знајући то. Кажемо да је идеална смрт она која би нас покосила у сну. И што цивилизације више напредују, све више ћуте о питањима смрти. Људи више не скидају капе када поред њих пролази погребна пратња, не зато што више не носе капе, него зато што су сахране сада невидљиве. Свако сакрива својег умр-

лога у болницу, на постељи у леденој соби
уместо у кући у којој је живео, спавао, водио
љубав или викао у љутњи. Нема више бдења,
завеса жалости. Погребна кола личе на ком-
бије у којима многочлане породице одлазе
на одмор. *Тетрафармакон*, сећам се Епику-
ровога четвороструког лека о коме ми је пре-
давао млади професор латинског на универ-
зитету. Да ли је веровао у то? Шта ли је о то-
ме мислио са оним својим лепим и помало
презривим лицем? Да ли је замишљао гоми-
лу костију што и јесмо ми, његови ученици,
и да ли је терао ту слику помоћу четворо-
струкога лека? Патња не постоји, јер може
да прође. Смрт не постоји, јер више нисмо ту
да је утврдимо, богови не брину о нама, не
желе нам ни добро ни зло. Не могу више да
се сетим четвртога. Прихватам да, пошто умре-
мо, нисмо ту да бисмо то утврдили, али ипак,
ма колико кратак, постоји један тренутак ка-
да наше умирање *траје*, када прелазимо из
стања живога у стање мртвога. Епикур укида
тај прелазак. Ето о чему бих желела да пора-
зговарам са нашим професором латинског.
Али ми смо говорили о Епикуру у његовој
историјској димензији, а не у димензији сми-
сла. Како било, епикурејци тврде да се не
плаше. А Сократ, ако је веровати Платону,
умро је разговарајући о смрти. Општи ниво
страха подигао се сада када се наша мисао
ослања на науку.

Замисли само да је мој хирург, тај човек златних прстију, којег сам питала, када сам већ била спасена, зашто нисам умрла, одговорио: Зато што то није био ваш час. Најпре сам била шокирана. Да ли је мислио да смо програмирани да умремо у одређени сат? Какав немедицински одговор! Сада знам колико је био диван. Не само по смерности, него по томе што ја више не чујем реч час, утврђени састанак, него присвојну заменицу *ваш* час. Није био *мој* час, јер је још био његов. Он је могао, цела медицинска екипа је могла још нешто да учини за мене. Али доћи ће час када нико и ништа неће моћи да учини за мене. А тај час ће тада бити мој, потпуно мој, једини који се неће делити. Ја још нисам имала *мој* час. А он, хирург, редовно истражује границу своје моћи гледајући час који долази за друге, а њега оставља ту где је у очекивању својега. А када ли ће бити његов?

Човечанство је измислило разне вежбе да би се привикавало на помисао о смрти. Неки стављају лобању на радни сто, други спавају у мртвачком ковчегу. Ти си имао обичај да увече упишеш у свој дневник сутрашњи датум који прате почетна слова: А. Б. Ж. Ако доживим. Ако будем жив. А ниси ни умро пошто си то предосетио. Напротив. Последње речи које си забележио: „Ево мојег плана. Уради оно што се мора дог... Све то служи добру других а нарочито мојем." Било је то

3. новембра 1910. године. А 6, усправио си се на јастуку и узвикнуо: „Побећи, побећи". Умро си 7. новембра. У агонији, наставио си да правиш планове како ћеш коначно почети живот који си желео, као да ни ти сам ниси знао да си ушао у *процес умирања*.

А ипак...

Читавог живота си мислио на смрт. Мајка ти умире, теби је две године. Отац ти умире, теби је девет година. Бака умире, теби је десет, тетка старатељка када ти је тринаест. Браћа Димитрије и Никола умиру када је теби двадесет осам и тридесет две године. Губиш четворо деце. Ратујеш у Севастопољу. Гранате разносе тела пред твојим очима. Посећујеш затворе, најбедније ћумезе у Москви за време пописа 1882. године, у Самари која умире од глади. Твој дневник сведочи о твојим многобројним кризама због страха од смрти. За време чувене ноћи у граду Арзамасу, верујеш да је ушао у твоју собу „неки бели и црвени ужас, коцкаст". У једном тренутку толико те мами самоубиство, да одбијаш чак да се предаш једној од својих страсти, лову, плашећи се да не окренеш пушку према себи. „И тако ја", пишеш, „срећан човек, морао сам да сакријем своје каишеве да се не бих обесио о греду између ормана у својој соби где бих се нашао сам свако вече док се свлачим." А ја сам се, Љова, као сасвим мала, плашила свлачења. Не због самоубиства, та помисао ме није никада ни дотакла. Него због крхкости тога тела без одеће. Нисам хтела да га видим. Журила сам да навучем покриваче. Журила сам да заспим. Нисам никада имала храбрости да се навикнем, а ни сада је немам, да подносим помисао на смрт. А ти јеси. Ти најпре мислиш да је она све па онда ништа. Најпре ударајући печат на бесмисленост живота, затим на ново рађање, боље рећи на повратак великоме све. Ти би хтео да будеш у стању да је пожелиш. Пишеш о десетинама умирања: о смрти младе жене на порођају, смрти у рату, смрти старих грофова, беба, сељака, грађана, самоубица, о смрти дрвећа, коња. О смрти Ивана Иљича Головина, смрти учитеља Василија Андрејича Брехунова, у твоја два последња ремек-дела смрт није само спасење, него и радост. „Уместо смрти, била је светлост.“ „И одједанпут би РАДОСТ.“ „Он поново зачу како га зове онај што га је већ позивао. 'Долазим, долазим!' виче читаво његово биће испуњено срећом и искреношћу.“

Али када умиреш? Написао си у дневнику 1901. године: „Када будем умирао, волео бих да ме питају да ли и даље схватам живот онако како сам га схватао, да је он приближавање Богу, повећање љубави. У случају да више не будем имао снаге да говорим, а ако је одговор да, затвориће очи; ако је одговор не, погледаћу навише“. Да сам ја била Саша,

38

твоја мила кћер која је знала твој дневник напамет као и сви они што су били око тебе у Астапову, ја бих ти, пуна љубави, забринуто стисла руку и прошапутала: Реци, тата, реци осећаш ли да љубав постаје већа? Зашто она то није учинила? Зашто ти нико из твоје близине није поставио питање? Без сумње зато што је, поставити га, значило рећи ти у лице: Љова, ти умиреш. И што се добро видело да се опиреш, бориш се, одбијаш да се предаш, да ступиш у *процес умирања*. Ти који си се стављао у кожу умирућих, имао смелости да нас уверавaш у њихове последње мисли — радост се испуњава — сада када си се, умирући, увукао у своју, батргаш се, бунцаш, ропћеш. Где наћи радост када сваки удах постаје борба? Побећи, побећи. О, мили мој, изгледа да је твоја смрт била безначајна. Чак ни као смрт храбрих који се труде да поштеде своје ближње. Болконски је на самрти молио за опроштај своју кћер. Има људи који се мире у последњем тренутку. А ти, ти чак ни за своју жену не питаш? А знаш да је ту, пошто си прибележио њен долазак у бележници, а ниси затражио да се помирите. Побећи, побећи, непрестано желиш да побегнеш!

Човек не жели да зна да умире. Одбија то невероватном снагом. У железничкој станици Астапово Иван Иљич ти није ништа значио. Зашто човек пише, Љова, Љовочка, зашто човек низ година размишља о смрти, а умире као онај човек што сам га упознала, који је до самога краја са задивљујућом оданошћу неговао своју малу кћер а затим жену, обе оболеле од рака, који је знао све о тој болести, а онда ју је и сам добио? Све његово знање је нестало онога дана када је болест и њега захватила, њега којег је смрт о свему обавестила.

Да ли нас писање ничему не учи?

Твоја смрт је за тебе безначајна, али за нас је она изузетан романескни догађај. Са своје осамдесет две године свакога дана све више осећаш потребу да одеш, да нестанеш, да све оставиш неспремне: жену, децу, ученике, славу. Већ дуго о томе размишљаш а не налазиш храбрости. Али оне ноћи када ниси могао да заспиш, чујеш Соњу како по стоти пут претура по твојем столу тражећи драгоцене бележнице за које се отима са Чертховим. И одједанпут, теби је свега доста. Снажан подстицај претвара у неопозиву одлуку план који смишљаш већ тридесет година. Нечујно устајеш, будиш својег лекара Маковицког – јер мада презиреш медицину, нема човека толико обузетога бригом за здравље – обавештаваш своју најмлађу кћер, своју љубимицу, и на прстима се искрадаш из Јасне Пољане пре сванућа. Ти који мрзиш воз, одлазиш на железничку станицу са Маковицким. Изгледа да ни сам не знаш куда ћеш. Најпре у манастир Оптино, затим у манастир Шамардино где се налази твоја сестра Маша. Онда се враћаш истим путем и полазиш на југ, на Дунав, на Кавказ. Желиш да нађеш неку избу где ће те сви заборавити, где ћеш најзад живети према својим начелима: ослобођен непотребних брига, производићеш сам оно што ти је неопходно, без икакве принуде, без притиска на друге људе. Веран себи, путујеш трећом класом и назебеш. На прузи која је требало да те одведе до Ростова, температура од четрдесет степени те приморава да се зауставиш на малој станици Астапово. Провешћеш ту недељу дана пре него што умреш. Ти си желео да будеш заборављен, али сав свет зна да си ту, да умиреш. Новинари, црквени достојанственици, покушавају да те одведу одатле, твоја деца, ученик Чертхов, лекари, и твоја жена, јадна твоја жена која је дојурила пошто је добила телеграм од неког новинара, а покушавајући да те види приморана је да вири кроз неко прљаво прозорско окно на који је нечија рука навукла завесу. Породица је закључила да би сусрет вас двоје био за тебе смртоносан. Више воле да ти продуже живот него да те помире са њом, тебе првака доброте! Замисли призор, шта би твој геније писца могао да начини од тога. И сва та гужва због једног старца који издише и не може више ни да говори. Нема никога да уђе у њега, да му да свој глас. Грађевина сплетки, сукоба, бола, наде око средишта које је постало празно. А ми никада нећемо сазнати како си разрешио дубоку тежњу свог живота: суочити се са смрћу и прихватити је. Ако је у томе било искушавања истине, сачувао си је за себе.

Али ја знам да си бацио Ану Карењину под точкове воза, да се њен сусрет са Вронским догодио на железничкој станици у Москви у тренутку када је једног радника смрскао вагон, да је Ану целог живота прогонила слика човека који је лупао чекићем све док није дошао тик до ње и не примећујући је. А знам и да слабоумни Поздњишев, лудак из *Кројцерове сонате*, признаје свој злочин у неком возу. Монолог проклетника у сазвучју са звиждуком локомотиве, буком точкова, осовина, монолог изгубљен у диму, у ноћи, а куда је однет, Љова? На коју станицу, у којем смеру? Не кажеш како се зове, да бисмо сами боље погодили. А знам и да у једном писму пишеш Тургењеву како је воз путовању оно што је бурдељ љубави, а позната је твоја мржња према телу. Међутим, невероватно је да долазиш да умреш на железничкој станици. Доспеваш на станицу. Не бацаш се под воз као Ана, него у воз, у очајничком покушају да побегнеш, готово као самоубиство. Бука, дим, гвожђурија. Као да је нека вишња рука унапред уредила твоју машту да би одговарала стварности.

Да ли си знао да умиреш? Једини одговор који могу наћи на своје питање, Љова, јесте да си у ономе што си писао поставио оквир својих последњих часова. А можда си, у време док су твоји веровали да бринеш како да се приближиш Богу, познао то место које је требало да буде твоје, једино твоје, а око којега си већ толико кружио у својим романима. Железничка станица. Овога пута, било је ту, на чудесан начин, и оно те је прогутало.

Да ли схваташ зашто сам се толико пробојавала да ти пишем? Ти си за мене близак, присан пример везе између дела и смрти. Да ли стога што си испунио железничку станицу злокобним знацима да је смрт управо ту дошла да те узме, или си од ње направио у романима место бола зато што си морао ту умрети, ти који си покушавао свим снагама да убедиш себе како је смрт нешто добро? А ја, док сам писала причу о девојчици којој смртоносни звук разара главу, јесам ли то скренула ток свог живота или се догађај – прскање анеуризме – већ припремао, био је ту али га нисам била свесна, него је био доступан преко мукотрпног рада писања, у исто време интуитивног и марљивога?

Стицај околности да су се објављивање *Ловца нула* и пуцање анеуризме код мене догодили временски упоредо, ужасава ме још увек и после три године. Имала сам са издавачем састанак шестог маја, да бих му предала коначан рукопис. Прскање анеуризме се догодило трећег маја. Ћути, Паскал. Не смеш да говориш.

Опредељујем се за друго решење, Љова. Смрт је у нама у својој потпуној извесности још од рођења, и када год пишем, ја наслепо – а ипак се не варам – крчим пут који ме њој приближава. За сада имам само три-четири слике које ме изазивају на писање. Најјача је лупање лима, а као супротност њему, лица безгласна као маске. Не могу да их се ослободим. Те слике чине *наборе моје маште*. Међутим, Љова, откако сам изишла из болнице нешто сам стекла: жеђ за другим сликама, за животним сликама. Тражим их. Ја их тражим. Осветли ми очи.

Пре него што ми се машта развије, има нешто што морам да ти поверим. Прича о хладноћи, Љова, прича о смрти сакривеној иза *Ловца*. Један некадашњи пилот је био тако добар да пошаље моју књигу господину Нагацука. Познавала сам тог човека преко његове књиге *Био сам камиказа*. Цурукаву сам замишљала на основу фотографија које су ту књигу илустровале, чак сам му дала и његово лице. Али нисам знала да он зна француски језик толико добро да је могао да чита моју књигу и да ми напише једно дуго писмо са коментарима. Имао је обичај да долази у Француску сваке године у јуну. Видели смо се две године узастопно. То је мало, али довољно да се спријатељимо. Мада није имао једну руку, а једна нога му је оштећена због чега је морао ходати ситним корацима, и поред троструког премошћавања крвних судова, био је зачуђујуће виталан. Али желео је да умре. Модерни свет, он га је звао америчким, гадио му се. И његова жена, млађа од њега, мислила је исто. Видела сам их једанпут пошто су претходно вече били у Опери Бастиља. Представа им се нимало није свидела. Зашто и даље живети? рекла ми је — била је пијанисткиња — данашње извођење музике је сасвим разочаравајуће. И тако су се одлучили на самоубиство. То ће се догодити у Шамонију, јер су волели Француску и желели су да умру у земљи коју воле. Одвешће их неко колима једне вечери на планину, што више буде могло. Пењаће се још колико буду могли, жена ће му помагати последњи пут, онда ће сести и заједно чекати хладноћу. Неки лекар их је уверио да би била довољна једна ноћ и да би смрт била блага.

Те године нисам имала новости од господина Нагацука.

Ако се имају у виду његове године и слабо здравље, он би први и морао да покаже знаке смрзавања. Како замислити да госпођа Нагацука није покушала да загреје мужа пригрливши га? А ја их видим како седе, она усправна поред пута, он скврчен у њеном крилу, при чему вештачка нога неће да се савије, и са шаком своје једине руке затвореном уз лице. Најпре је свакако отказало срце. Тако је она у крилу држала само једну леденицу. Иако је била последња, држала је мужа у наручју као бебу и сама осећајући како наилази хладноћа, знам, сигурна сам да је *њихов* час био заиста *њихов* час, саучеснички, заједнички, коначан. Преправљање једног опустошеног живота: један ужасни рат, изгубљена војна операција, живот сакатог човека којега мора сваки дан неко да облачи и свлачи, да му реже месо и рибу у тањиру, а који мора да слуша како у сопственој земљи оцрњују жртву његове браће по оружју и да стотину пута истрпи таласе немоћне горчине. А она, грациозна, кокетна. Наравно, ја ћу пратити мужа, казала је са смешком као да се ради о забавном излету. Женска тајна. Често их, готово халуцинантном тачношћу, видим обоје како седе изнад Шамонија, укочени од зиме, као споменик мржњи мушкараца и љубави жена.

Прасак лима и успаванка. Та убитачна прича, Љова, и даље ми замрачује вид. Чак и нису више у питању *набори моје маште* него стварност која ми се враћа после писања као шамар, снажан ударац маљем.

Помози ми.

Отвори ми очи.

Пошто ја нисам умрла.

Ноћ је. Велико Срце је доле на тераси. Гледа месец пијући виски. Често то ради, било где да смо, у било које време. Једанпут, око два месеца пошто сам изишла из болнице па смо били изнајмили кућу у области Лот, пробудила сам се око три сата ујутру и нисам га нашла поред себе. Изишла сам боса у башту и дуго посматрала тога човека како замишљен, непомичан, пије виски и посматра месец. Био је слика и прилика усамљености. На кога ли, на шта ли мисли? Тихо сам пришла и села му у крило. Платнена фотеља је зашкрипала. Хладно је, хајде, хајде да легнеш. Обгрлио ме је око рамена једном руком, али видела сам да му сметам, да је био негде другде. Нисам остала дуго. Чаршави у постељи су још били топли. Мислила сам да ће брзо доћи, али ја сам пре тога већ заспала. Тако је то. Да ми је двадесет година, то би ме увредило као недостатак у нашој љубави. Сада ја волим тог човека због онога што ми код њега измиче, онај његов део који не познајем. Покушавам да му га оставим, држим се подаље и вребам тренутак када ћу изненада, срећним случајем, прећи преко зида његових тајни. Када ћу се толико приближити његовом даху да од тога изгубим свој.

Поподне сам провела плевећи башту од корова. Била сам врло предано нагнута према земљи, сунце ми је пекло врат и руке, шаке испуцале. Знаш, била сам већ приметила код неких иначе елегантних Парижанки склоност према испуцалим рукама и поломљеним ноктима. Тада сам схватила да су оне као и ја болесно склоне радовима у башти, залуђене жене које раде без рукавица не би ли им руке биле у земљи.

А ја чупам коров због тебе који си косио и правио жуљеве на длановима. Због тога што сам у својих петнаест година, на обали ветровитог и непоузданога мора, читала *Рат и мир*. Две хиљаде страна без пљускања таласа, без соли, без најпразнијег од свих празних видика. Без оних грозних животиња које немају ноге. Увек добра чврста земља са кравама, годишњим добима, снегом па онда зеленилом. Ја не волим море. Има довољно ужаса у животу да бисмо себе приморавали да гледамо на ту огромну давитељску воду, а да и не говорим о отискивању на њу. Ни ти не волиш море. Волиш само Воронку, речицу која протиче у близини твоје куће. Када Ана Карењина одлази у Италију, Средоземно море и не постоји. Када ти путујеш у Европу, у дневнику се одушевљаваш швајцарским пределима, али у Ијеру, у Марсеју, нема ни трага од дивљења лепоти видика. Као ни у Гаспри где се опорављаш од запаљења плућа. Ја сам сањарила о таквој природи док још нисам ни одрасла, сањарила сам о природи без воде и пре него што сам тебе читала. А код тебе сам то нашла. Хвала ти. Као старија, усудила сам се да читам Мелвила, Конрада, Хамсуна. Задивили су ме, али су ме учврстили у страху. Ту се смењују тајфуни, наслаге ледене магле, разне опасности, лудило, суровост. Купујући ову кућу усред ливада, стада и пољопривредних машина, постигла сам једним потезом два циља: прецртала сам постојање океана и приближила се теби.

Купила сам ову кућу због тебе. Да бих на тебе личила, да бих се теби свидела. Тераса на којој Велико Срце пијуцка, сладуњави мириси глицинија и цветова орловога нокта, убитачно нежних, само због тебе. Грмуша, славуј ноћу, због тебе цвркућу. Воћке које сам посадила у марту, једна трешња, једна јабука, једна шљива, због тебе. Садим биљке, садим због тебе. Откако имамо ову кућу, стално садим. Остајући веран себи, Велико Срце ми каже: Зашто садити воћке? Умрећемо пре него што будемо могли да седнемо у њихов хлад. А ја њему кажем: Али ти заборављаш да ја нисам умрла. Заборављаш да смо живи. Онда садим одрасло дрвеће, да бих све убрзала. А гледајући трешњу која пружа орезане гране ка небу, већ је видим бело расцветалу, ваздушасту као грудву снега, а затим тамноцрвене плодове и птице које их гутају. Видим себе како старим док дрво расте, како се смежуравам и грчим док оно развија раскошну лиснату круну. Тада се мање плашим старости.

Да бих на тебе личила. Да бих се теби свидела.

Заокупљаш ме. Мрвиш ме. А ја сам љубоморна.

У Јасној Пољани ти ниси посадио три воћке, него на стотине бреза. Ниси правио себе смешним садећи већ старо дрвеће. Ја имам једну башту, а ти си имао хиљаде хектара. Ја имам једно одрасло дете, а ти си их имао тринаесторо. Ти си свакога дана на коњу обилазио своја имања, а ја направим неколико кругова око куће. Твоје дело садржи десетине хиљада страница, а моје броји само пет стотина. Свака реч за мене трепери као пламен лоше свеће, док ми твоје изгледају као светлосни снопови пројектора. Мрви ме твоја величина, твоја снага. Зашто нисам рођена као руски бојар? Зашто немам снаге, зашто сам без самопоуздања, без моћи?

Да сам мушкарац, љубави, умрла бих од јада што нисам ти. На своју велику радост, жена сам, онај сој који си ти презирао. Имам ја своја лукавства, своју стратегију која се зове освајање. Не да те освојим. Него да приморам тебе да ме освојиш. Није то тешко. Најпре да све знам. Све твоје књиге су на мојем столу. Романи, преписка, дневник, дневник твоје жене, о, колико драгоцена помоћ. Твоје и фотографије твоје породице, и Јасне Пољане. Биографије, есеји о теби. Ја никога не познајем тако добро као тебе. Супротно од Великог Срца, ти немаш тајни. Отворим књиге и гледам твоју унутрашњост. Потпуно си мој. Затим видим твоје величанствено тело. Тело које није лепо, грубо је, старо. Тело које иде дуж Воронке кораком свога коња, па за столом док једеш пшеничну кашу гласно мљацкајући, док тражиш печурке по шуми, и што је најузбудљивије, за мене најузбудљивије, док лежиш поред Соње која изгара од жеље да водиш љубав са њом, а ти то не чиниш. Имам на располагању обиље призора. Толико сам навикла да их гледам, да немам потребе да затварам очи. А затим да се померим и сама и направим теби места, да ме заузмеш као што се заузима нека земља. Да мислим кроз тебе, да видим кроз тебе. Знам, ти то не би волео. Није то толстојевски. Сваки добар толстојевац поштује веродостојност пет чула која држи под својим јармом. Али, ето видиш, ти си мени потребан да бих се прилагодила стварности.

Када сам завршила плевљење, пошла сам у шетњу. Узео си шешир и штап и пошао са мном. И тај призор ми је познат, то је призор пажње према свету. Отишли смо изнад села. Сено је покошено. Виде се округли пластови расејани по ливадама, јечам је већ пожњевен, пшеница скоро зрела — а она се више не таласа под ветром као док си ти живео, јер су је скратили ради рентабилности и лакшег рада. Ишли смо поред шуме. Купине су још у цвату, штитарице врло високе. Четинари су изгубли нежно зелену боју избојака. Корачали смо, мислима усредсређени на суштинско: како имамо ноге, како имамо очи. Светлост је лагано трнула. Била сам са тобом, жива у дивоти света. У обичној дивоти. Која се не може купити. Која се не може научити. Оној која је дата далеко од људске комедије. Корак, још један корак, стојимо. Знамо да стојимо.

Око десет сати увече светлости је нестало, као да жали. Велико Срце и ја смо још били у башти, ћаскали смо. Ти си отишао у заборав док се не вратим да ти поново пишем.

Ноћ је. Летња ноћ. Отворен прозор. Изузетна тишина, записао си у дневнику, чује се како жабе дишу. Стварност. А стварност си ти. Нико од нас троје не жели да се помакне, Велико Срце доле на тераси, ти у столици за љуљање испред прозора и ја за столом. Пишем ти полако, у спокоју ове ноћи и ове куће. Између мојих речи има ћутања, спорости. Свакога дана, сваке ноћи пишем ти помало, колико ми снага дозвољава. И тако протиче лето. Мислим на једну другу твоју реченицу коју сам одавно записала у својој свесци: „Мокрио пре купања, пријатна хладноћа на уду, а земља се чини тако великом, и изгледа да је ту тако мало урина“. Чак и у белешци на брзину записаној, ти имаш дара да осетиш. Од свих књига које сам прочитала, ето једине реченице због које жалим што нисам мушкарац. Љубави моја, ја не могу да мокрим стојећи. Треба мокрити стојећи да би се осетило како је земља велика, а наше излучевине само капљице!

Тишина је. Ни дашка ваздуха. Дебела сенка брега. Возови су далеко. Тишина. Нешто у мени тихо виче. Чујеш ли? Не знам како да то назовем. Дај му ти неко име.

То је веома дубоко. Тешко. Не појачава се. А и не гаси се. Не могу да га угушим.

Тако је тихо, љубави моја. Велико Срце је тако миран доле на тераси. Спокојна земља дрема.

Иван Иљич је кукао читава три дана. Читава три дана без речи, само звуком А..., чак и кроз двоја затворена врата звучало је страшно. Сети се и вицеконзула у Калкути који је вриштао као помахнитао међу губавцима на обали Ганга. Они су викали под утицајем смрти и алкохола. Није се знало шта говоре. То и нису биле речи. Није више ни било речи. А ја сам тиха. Често се осмехнем. Можда смо ми болеснији од својих ликова? Догађа се да ме неко спасе и не знајући то. Поклони ми нешто. Јуче, на пример, књижицу Албера Жакара намењену деци. Један други пут, гледам репродукцију слике *Расипни син*. Као да ми је Дирер спустио руку на раме.

Одједанпут ми је тешко да ти пишем.

X. се такође осмехивао. У свакој прилици. Искрен и неусиљен смешак. Како да га заборавим, Љова? Тако весело је учествовао зимус у нашој радионици. Без ревности, наравно, – млади под судским мерама нису ревносни. Али када би он дошао, бацао се на чист папир прождрљиво, не налазим другу реч, да, са прождрљивошћу на којој сам му завидела. Последњег дана позвала сам једну пријатељицу глумицу да јавно чита њихове саставе. X. није био ту. Претрес у шест сати ујутру у његовом стану, полицајци су га утоварили. Затвор. Тек му је осамнаест година. И док ти ја пишем овде, он је у Флерију. Тамо нема жаба које дишу у тишини. Људи под неуролептицима, немирне несанице, успомене због којих се луди од мржње или жаљења, речи које се врзмају по глави.

Никада написане речи, Љова. У радионици се не пише о насиљу. Не пише се ни о патњи. Ни речи, и не отварајмо уста о патњи. Они не желе да је виде. Она њих не занима. Више воле да измишљају свет у којем се добро живи, са сјајним полицајцима, исправљачима неправди. Нагон за одржањем. Они нехотично почињу своје приче оним „некада врло давно“. И када год прочитам то „некада врло давно“, Љова, срце ми се стеже. Они мењају прошло свршено време не може бити маштовитије, али њихова интуиција је сигурна када изаберу неко време које нема везе са садашњим.

Ненаписане речи – теби је то познато, зар не? Оне постоје. Значајне су. Скривене. У њима. У нама. У мирној ноћи. Речи које не можемо из себе ишчупати, безобличне речи и залепљене иза лица. Често ми изгледа, Љова, да ми преостају само те речи, оне које су убиле друге. Изгризле су их. Гледам белину листа. Исписујем знаке и то је као да је увек била белина. Они више не постоје. Заборавила сам бајке које X. и његови пријатељи још знају, јер и у осамнаест година још чекају да одживе своје детињство. Али они ће и то ускоро изгубити. Придружиће ми се у прождрљивој непрозирности, то су моје сестре и браћа. Ето зашто могу да радим са њима.

Тишина је. Лепа ноћ. Велико Срце. Благо заљуљана твоја сенка. Желела бих да ове речи остану заувек. Волела бих да увек умем да пишем ове речи.

А X. је узео пушку и напао неку радњу. За три стотине франака. У једном тренутку он је у руци држао прождируђу несхватљивост. Срећом, није пуцао.

Ја сам њихова срећна сестра.

Тебе сам срела, Љова. Занео си ме. Не заборави то. Драгоцена је занесеност, веома ретка срећа. Другачије живимо ако смо једанпут били занесени. Имамо жеље да живимо. Имамо жеље да пишемо. Срела сам и Маргарету Дирас. Узбудила ме је. Извела ме је на пут. Она је за мене истргла речи из ћутања. Од њих је учинила нешто написано, као да су увек биле написане, као да су увек биле дело. Пре него што су написане. То је оружје. Ви сте веома далеко једно од другога. Не могу се замислити два различитија писца. Као отац и мајка. То никада није слично.

Међутим, постоје речи које ће ме убити ако не остану сакривене. Знам то. Речи пред којима ми се грло стеже, за које ни Дирас, нити ико може помоћи, док згрожена читам о слободној продаји секса, меса, агресивности, и питам се: ко то допушта такву злоупотребу? Шта значи таква слобода? Да ли то постоји улазница која се може узети негде, одобрење које се издаје да се може ширити толико насиље?

Тишина. Лепа ноћ. Нешто у мени тихо виче. Чујеш ли то, реци, чујеш ли?

Желела бих да сада дође Велико Срце.

Ево већ неколико дана, Љова, бацам све што покушам да ти напишем. Ставила сам преда се твоју фотографију, ону што ми је Велико Срце послао „пре него што смо ми ступили на земљу" и гледам те сатима. Чујем корак твога коња како одзвања селом. Кружиш, кружиш и чини ми се као да ми се подсмеваш. Значи, душице, мислио си да ме је тако лако ухватити? Желела сам да разговарам са тобом о старом коњу и о пустињаку, црно-белом јаловоме коњу Холстомеру и о оцу Сергеју. Желела сам да кроз њих размотрим твоју маштарију о кастрацији. Унела сам много података у рачунар. Занимало ме је да видим како си успевао да даш облик оној ненаписаној речи, осим преко психоаналитичара. Нажалост, читава три дана сам само покушавала да проникнем у твоје две најлепше приповести. Што сам више одмицала, све више ми се та ненаписана реч указивала у својој аналитичкој јасноћи, док се твој унутрашњи свет згушњавао и постајао непрозирнији. Хоћу ли ја ону снагу у теби која те гони да одбациш свој обилати геније, да одбациш тело жене, да одбациш науку и напредак, да одбациш својину, снагу која гони према ничему тебе који имаш све, ономе ничему које те отвара према Богу – хоћу ли је претворити у полни нагон? Опрости ми. Све сам бацила у корпу, а веруј ми да сам и њу испразнила.

Као да се ненаписана реч може свести на научни израз. Док ни читаво твоје дело можда не доспева дотле...

Испразнила сам и корпу твојих брачних прича. Признајем ти да сам приликом првог читања твога дневника тражила углавном њих. Жудно сам читала о вашим свађама, имам своје мале разлоге за то. Избацила сам из корпе и твоју мржњу према женама. Пардон, сачувала сам једну реченицу која ме је много засмејавала: „Да је Христос стигао да одштампа Јеванђеља, жене би се трудиле да добију аутограме и то би било све". Како ти нас презиреш, Љова! Изгледа да толика мржња нешто прикрива. Јеси ли приметио да у *Холстомеру*, као и у *Оцу Сергеју*, мада ни један ни други више немају полних особина, они ипак нису мање привлачни: ждребице узбуђено слушају, а заводница се преобраћа! Снашао си се како да нас сачуваш. А сети се само кога Иван Иљич призива у самртноме часу, кога жели као утешитеља? Мајку. Мајку коју си ти изгубио чак пре него што си умео да изговориш реч мама. Али пст, обећала сам да нећу рећи баш све.

А оно што чувам, оно због чега желим да се вратиш и седнеш поред мене, јесте кућа Ржанова. Осећам да ме кућа Ржанова подржава. Пошто си истраживао поводом пописа из 1882. године и испитивао богаље и бескућнике из Москве који су били ту и којима си помало и помагао, написао си *Шта треба урадити?* Твоји закључци су: нема милосрђа и човекољубивих поступака, ничега што ублажава и чини подношљивим постојање куће као што је кућа Ржанова. Треба укинути узроке постојања куће Ржанова. Свакако. Сви знамо да си у праву. Али у том очекивању, ти си отишао тамо, међу њих, ти бојар преобучен у сељака. А посећивао си и затворе у Тули, у Крапивној, а у дневнику, на страницама и страницама неуморно исписујеш спискове

ОНИХ ШТО СУ ДОЛАЗИЛИ да траже помоћ од тебе у Јасној Пољани. Јероним Бош би се у томе добро осећао. А ја, Љова? Зашто радим са дечаком X. и женама у затвору Л.? Зашто једна образована имућна грађанка која чује како жабе дишу, осећа потребу да крене према беди и насиљу, да на своје чело залепи слику милосрдне даме коју презире као и ти? Немам одговора, па си ми ти потребан. Обузимаш ме, мрвиш ме, не знам више ко сам без тебе. Привиђење можда као и ти. Привиђење које иде за тобом. Ти ме оправдаваш, дајеш ми легитимност. Привиђења смо обоје. Дођи, Љова, помози ми, прихватимо себе као привиђења.

Синоћ смо Велико Срце и ја, седећи пре вечере, а за јело смо имали телећа прса у сосу, разговарали о идеализму. Ја сам њему објашњавала да си ти био истински идеалист. Мислиш ли да сам ја идеалист, питала сам га. Понекада помислим да би се у томе састојало оно *зашто* моје друштвене заузетости. Свакако не, одговорио ми је развијајући један лепи силогизам, ја мрзим идеалисте, међутим тебе волим, па према томе ниси идеалиста. Насмејала сам се и нисам му поверила шта ми је тада пало на памет: није ли човеку, да би сваки дан кувао и трудио се да то ради добро, потребна велика количина идеализма? Можда ја уносим више идеализма да бих од ручка начинила љубавни чин, него што верујем у корисност радионица које држим. Па ипак, његов одговор ми се свидео. Осећала сам како имам у себи трунку тајне коју свакако нема нека идеалисткиња. А ако размислим, ја припремам телећа прса са преливом зато што Велико Срце воли телећа прса са преливом и што ја волим да причиним задовољство њему. У сваком случају, не може се кувати из идеализма, приметио би се резултат.

Када се замислим над собом, Љова, узалуд трагам, не видим ниједну замисао којој бих указала поверење. Видим страх који ме увек вреба из неког угла, и супротстављену њему, приковану, неуништиву, понекада јачу од мојега страха, потребу да другима чиним задовољство. Скроман занос, можеш ми се подсмевати, али ја не видим други, а одлучила сам да те не лажем. Није то нека замисао него животна потреба, неопходна мени да бих се сачувала таквом каква сам. Нека врста нехотичнога корака према X., према пролазнику, сусетки, Великом Срцу. Водим радионице за X. и његове другове зато што осећам жељу да им приредим задовољство. Одлазим у затвор Л. јер волим да причиним задовољство женама које су тамо затворене. Ништа друго. Нисам чак сигурна ни да ли сам им од какве користи. Није јасно да ли узимам на себе неку одговорност. Чини ме осетљивом. Па ако. Осећам потребу да углови више не рањавају. Иначе, ја патим. А да се на ту потребу уреже друштвена свест, можда — то без сумње долази после.

Видиш, волела бих да сам способна да развијам мисли у вези са тим осећањем. Има бојазни да увек постоји осећање, да човек осећа како интелектуална снага остаје као по страни од онога што нас води. Да живи лишен дела себе, чак и ако сада знамо да нас ни разумевање ни култура не штите од нас самих. Ти си покушавао, по цену крајњег упрошћавања, по цену неприхватљиве радикализације. Било је то као да си писао о лудилу. Не враћајте злом за зло, допустите да вас удара док не нестане. А да је довољно не враћати злом за зло па да оно нестане, замисао је којој ја не могу да укажем поверење. Сигурна сам да ни ти ниси у то веровао. То ми доказује јед (да не кажем силина!), жестина са којом по њему шибаш у својим чланцима. Рачунаш на тон да би прикрио пукотине. Не ослањам се ја на тебе, Љова, због твојих теорија о ненасиљу, због твојег одбацивања напретка и културе, него зато што си посећивао кућу Ржанова. Као привиђење уз тебе, љубави моја, али не као твоја ученица. Велико Срце је у праву, ја нисам идеалиста.

Велико Срце се смешкао развијајући свој силогизам. Велико Срце је лудо шармантан када се смешка. Лице му се преображава. Али се не смешка често. Он носи у себи извесну животну тугу коју пролазно омекшају само телећа прса са преливом или небо тропских предела. Мало му је стало до радионица писања, као да је сувише велики терет већ сам себи да би доживео било какво интересовање другде. Не знам, Љова, да ли ме чујеш, али знај да ми је било тешко открити како се срећа, чак и када смо поред човека којег волимо и који нас воли, не дели са њим, она није заразна. Још горе. Поглед на неког срећног појачава осећање несреће онога ко то није. Током ове последње три године имала сам среће да доживим много радости. Болница Питје-Салпетријер, Награда Гонкур, издавачка кућа која ме је приграбила свом снагом, а да и не говорим о чињеници да је Велико Срце одлучио да се мноме ожени, да моја кћи има двадесет година и да је лепа као лепи дан. Па пред ким, ако не пред неким мртвим старцем као што си ти, Љова, да испољим своју радост која одзвања као увреда према људској судбини, према човеку којег волим и онима са којима се стално срећем на послу? Делимо са другима своје муке, али радости се не деле. Оне нам остају на рукама. Сами их носимо. Не могу учинити да Велико Срце буде срећан. Моја моћ над њим се завршава на телећим прсима са преливом. Не могу учинити ни да Х. не узме поново пуцаљку.

Велико Срце би желео кућицу на Пацифичким острвима. Да би му било топло и да би умро мирно не узимајући никакав лек. Мислиш ли да би требало да га пустим да оде и чак да пођем са њим? Он сањари о крају какав је имао Жак Брел. Када га видим како отвара велики атлас света и тражи неко острво у Полинезији, не могу се одупрети да га не замишљам како седи пред кућицом и гледа како сунце залази у воду, рамена повијених над чашом лошег алкохола, а на лицу му досада, неизмерна усамљеност. Рећи ћеш ми да бих могла да замислим једну ваине – жену на Тахитима – на коленима и са венцем цвећа око паса. Знам да мушкарци понекада приређују изненађења, али то тако мало личи на њега да ми не полази за руком.

Ја сам странкиња, Љова. Радост се не дели. Можда је због тога тако тешко писати о њој и можда је зато тако ретка у књигама. Док мука у њима тече сасвим природно...

У затвору у Л. жена је причала: „Пре одласка у школу, чистила сам шталу, а када се вратим, чистила сам двориште. Помишљала сам да се никада нећу удати за сељака, а онда, он је на сеоској игранци био у белој и добро испегланој кошуљи и ја сам се препустила. Немам куда да одем, страх ме је да изиђем одавде. Када су прочитали пресуду, нисам разумела, нису рекли 'у затвор', мислила сам да сам спасена, рекли су 'утамничена', а ја нисам никада раније чула ту реч.“

А. која није никада била у затвору и осмехује се када год дође да разговара са

мном, каже ми док шије на машини пар за-
веса за нашу кућу: „Отац ме је удао у једана-
ест година. Нисам још имала менструацију.
Родила сам сина у тринаестој години. Када
му је било осам месеци умро је од рубеола, а
ја нисам ни знала шта су рубеоле. Изнела
сам корито напоље и купала сам га да га
освежим, јер је био сав црвен и врућ. Почео
је да отиче. Појурила сам као луда са дететом
у болницу и рекли су ми да је оно изгубљено.
У петнаестој години родила сам друго дете.
Муж ми је умро док сам била трудна. Оста-
вила сам дете својој мајци, а ја сам радила по
кућама. Давали су ми мало пара и стару оде-
ћу коју сам продавала. Онда сам отишла у
Француску и оставила сина. Враћала сам се
лети, он је био груб према мени, веровао је
да га ја напуштам, да се проводим. После
његове матуре довела сам га овамо да студи-
ра. Када је видео како живим, да устајем у
пет ујутру, да одлазим у фабрику, да радим и
у кући, да немам времена ни да седнем, за-
плакао је. 'Јеси ли ти тако живела, мама, све
ове године?'" Када видим А., пожелим да је
загрлим.

Ја сам странкиња, Љова, са три грама не-
жности на длановима.

Сећаш ли се ти нежности, драги Љова?

Истина је, ниси био много обдарен за не-
жност.

Два пута сам проверила, и на моје велико
изненађење нашла сам мало призора истин-

ске нежности у твојим делима. Прекомерно очекивање младих људи, разочарења, разум, тако ти ствараш добре односе међу нама. За остале, страст, патња и смрт. А ти си је ипак доживљавао, иако си пожурио да одагнаш свој брак као да хоћеш да одгурнеш онај велики вал љубавног осећања које те је узбуђивало. Тебе је то осећање плашило, верујем, као што те је музика плашила снагом немира који је у теби изазивала.

Сећаш ли се како си писао о Соњи: „Волим када она седи сасвим поред мене и ми знамо да се волимо колико год можемо, а она каже: 'Љовочка – а онда застане – зашто су канали димњака направљени сасвим прави?' или 'Зашто коњи тако споро умиру?'“ Волим, Љова, волим што ти волиш ова тако љупка а неумесна питања на која си свакако одговарао најозбиљније на свету, пре него што их забележиш у своме дневнику.

Ах, љубави, осећам како се смешкаш, видим како се смешкаш.

Зауставио си се, овде си. Гледаш ме. Климаш главом. Ево још једне радости: знам да данас нећу бацити ово што сам написала.

Лето пролази, Љова. Већ је 15. август. Прво лето у нашој кући. Ово прво лето мојег живота. Жетва је завршена. Запаљена је стрњика. Од пре два дана не може се више остати увече на тераси. Осећа се већ да се враћа време кућа, ватре у каминима. Ти ме носиш у себи. Свакога дана једна молба, једна сумња, рука пружена према теби, а понекада убрани стручак на твоме длану, као малопре у *Господару и слузи,* томе Никитином размишљању о својој смрти: „Штета је што се мора напустити све ово на шта се човек навикне. Али шта да се ради! Треба се навићи на ново!" И мени одједанпут изгледа да у смрти има нечега на шта се може мислити, што се може поднети, нечега људског — и готово лаког: човек се на све навикне.

Једнога јутра, дошле су две болничарке да ме подигну. Нисам била спустила ногу на тле већ три недеље. Најпре сам села на ивицу кревета, ноге су ми биле смршале, истопиле се, висиле у празно. Једно стопало ми је на тлу. Па друго стопало. И не размишљајући, опет сам пронашла покрете, усправан став. Све кости поређане једна на другу у чуду равнотеже. Њих две ме придржавају за обе руке. Идемо? Слабост. Вртоглавица. Поново седам. Идемо поново? Стојим. Став победе. Хватам замах, тело усправно и круто као код робота. Једна нога. Друга нога. Још три корака до умиваоника. Хватам се за њега и откривам у огледалу своје лице које нисам видела откада сам овде. Имам велики крвни подлив на десном оку. Очни капак ми се више не подиже. Око главе ми је завој, а испод њега вири прљава коса. Прави ружан Христос. Болничарке ми скидају одећу, смештају ме на неку столицу прекривену пешкиром. Једна од њих остаје са мном да ми помогне да се оперем. Перем зубе први пут. Осећам мирис својег сапуна. А у мирису мојег сапуна, као да се затвара нека заграда. Повратак навикама. Већ.

Стојим. Поново стојим. Ко оклева да се заустави на лепоти тога положаја освојеног пре више милиона година, на његовом смислу, мешавини снаге и крхкости? Ноге као два стуба, а глава, меко постављена на танушни врат, као да је истакнута, као другима понуђена на телу као постољу? Једно време сам сањала да више немам ноге. Болничарка ме је пустила. Види, ја ходам! Мање лака, мање грациозна, али поносна као Наташа када се појавила на своме првом балу.

Често помишљам на Наташу, на Наташино певање и играње, на њен глас који се уздиже изнад клавира и њено трепераво тело које се врти као у Циганки уочи Божића код ујака. На Наташу која очарава оне који јој се приближе, а која би желела да може волети све у исто време. На Наташу која трепери од жеље под месечином у Отрадном, која се смеје када њен отац игра, која се заву-че у мајчин кревет, која предвиђа да је отме неки мушкарац док очекује другога, на Наташу-химну животу, на Наташу која светлуца, толико је невина, нетакнута. А суморна када се уда.

Мене је, Љова, болница учинила невином, мада сам дефлорисана, удата, разведена, мајка, са објављеним књигама, хваљена или критикована, чак излагана подсмеху као што је било када се појавио мој други роман, *Гвожђурија*, због чега сам сувише патила, јер још нисам као ти била мудра да никада не читам критике. Од битке добијене у болници Питје постоји у мени обавеза према невиности и борби. То је цена коју морам платити за живот. Тој обавези сам дала име: синдром Наташа.

Постоји у мени, као утиснут у главу поред пластичне копче, један комадић, мали дијамант Наташе.

Једнога другог дана, када је хирург дошао, око мене на кревету били су раширени отисци романа *Ловац нула* и ја сам управо читала неке предлоге лекторке. Пазите, рекао ми је, не напрежите се сувише. Ох, Љова, кад помислим да замало нисам умрла пре него што се књига појавила! Има тренутака када ми је то смешно, смешно, не можеш да замислиш колико се смејем онако сама! Ти би дивно написао тај призор за њу, Наташу, ти који си волео да твоји ликови умру неколико пута. Нисам се још опоравила, још ми је тешко да поверујем у своју болест, у своју награду, у ту смрт и тај живот тако неразмрсиво уплетене. Понекада извадим из ташне најмилије писмо које сам добила после 12. новембра: писмо доктора Фајоа, мојег хирурга. И прекривам га пољупцима.

Жива сам.

Једанпут сам чула некога како каже: Умрећу док живим. То је то, умрећу док живим.

Како да знам где је оно важно, где је оса на којој се држи наш живот? Можда у чињеници да се по сваку цену хватамо за реч коју нам оспоравају. Можда је то важно исто као када се веома пажљиво одсеца анеуризма на крају каротиде. Можда се мој живот налази у узбурканој души Великог Срца. И да ћу, ако узмакнем на једну реч, ако заборавим нашу љубав или ако је он заборави, ићи због тога право у смрт тако да ме ниједан лекар неће стићи.

А код тебе, Љова, Љовочка мој, где је било оно суштинско у твојем животу, у твојем огромном животу? Хтео си да будеш Човек са једним великим Ч. Никаквог интереса, никаквог значаја за тебе није било у посебним могућностима, у несуштинском: твоја дела, твоја слава, твоја жена, твоји поступци. Желео си да будеш Човек који даје смисао животу једанпут заувек, онај што открива и преноси како и зашто живети. Једнак са Христом, једнак са Будом. Да би укинуо зло, измислио си непротивљење злу. У твојим очима, ето твоје улоге у свету, ето несаломивости твога живота. Најзад, ко може тврдити да си се варао? Док не будемо пружили и десни образ пошто су нас ударили по левом, нећемо то моћи, јер нема доказа.

Твоја улога у свету... Мало је рећи да је била трагична. Ти са Гандијем делиш замисао о ненасиљу, а подела Индије у име твојих начела дала је масакре међу најстрашнијим које је човечанство доживело. Као анархиста, јасно си видео оно што ће омогућити постојање гулага и концентрационих логора, а Лењин се позивао на тебе да би успоставио најчвршћу владавину државе.

Покушао си да преобратиш свет у заједницу мирољубивих људи, а треба да се задовољиш једном Фондацијом Толстој која помаже људима што су се иселили, некуда у Америку.

Како ли је теби гроб суров, јадни Љова!

Хтео си да спалиш *Рат и мир* и *Ану Карењину*, али милиони људи, од Кине до Америке и даље их читају, а нико више и не зна да си написао дела *Шта је уметност?*, *Шта треба да чинимо?*, или *Божије царство је у нама*.

Чак и ја која те обожавам, ево, додајем своју лажну ноту концерту света: упуштам се у поседништво земље због тебе, тебе који си мислио да се универзална мисија Русије састоји у увођењу у свет идеје о друштву без власништва над земљом. Издајем те, љубави.

Не могу ја ту ништа. Наслућујем неку нејасну али снажну везу између своје болести, новца од *Ловца* и ове куће. Кућа сам ја, моје поправљено тело и ознака својег уписивања у овај, а не у неки други свет. Сувише дуго сам живела у димној архитектури.

Међутим, Љова, завесе које сам ту наместила, а сашила их је А., нису ми још донеле рак јетре. И нисам толико сигурна да сам те издала. Зато што овде не осећам чежњу ни за каквим рајем. Чујем птице и кокоши, трактор који се враћа и паклене мотоцикле младежи. Све одобравам, кажем да. Немам потребе за морфијумом. Гледам како земља постаје вечита са својим кућама и људима који се више не крећу ни пешке ни на коњу. Гледам како светлост поново долази свако јутро и, знаш, мислим на тебе. Још на тебе мислим. На све оне странице на којима си умео да у срце речи сажмеш задивљеност животом. Не заборави да си мене ти засенио, Љова. Сасвим мало писаца – без сумње песника – умело је као ти да побуди осећајност, истинитост осећајности, потпуност, људску изузетност.

Ето то је твој дар. Твој прави дар. Не заваравај се. Желела бих да и ја умем да га дам.

Ево како те данас видим: у ковчегу твојега гроба у Јасној, почиваш испод дрвећа на ивици шуме Заказ где си тражио да те сахране. Сасвим сам испод дрвећа када посетиоци оду, пошто су од твоје куће направили музеј. Набрајаш грозоте које су обележиле двадесети век и јечиш што не можеш да устанеш не би ли поново проповедао унутрашњу побуну. И тражиш, и слушаш под великим дрвећем да ли би до тебе могао стићи глас о нечему, о неком напретку у љубави. А шта он проповеда? Грмљавина оружја ти одговара. И звецкање новца. Добро си видео: људи су се задовољили проналажењем онога што си назвао противотровима: Црвени крст, невладине организације, неопходна социјална помоћ. Тако смо напредовали у љубави. Али Наташу, реци ми, чујеш ли ти Наташу?

Она не диже велику буку. А ипак је ту. Игра као мала вила на пустим стазама Јасне Пољане. Не зна да је видим. Сама је. Баш је брига. Ако је нико не гледа, играће за себе саму, играће до краја времèна. Желела бих да она пробуди месец изнад твојега гроба и пришапне ти: „Ма хајде, како можеш да спаваш? Види како је лепо. На посао, дедице“. Затим би у једноме скоку прелетела брда и долине и зауставила се пред мојим прозором, она која је сањала да полети са балкона у Отрадном: „Пиши, душице, рекла би ми, не заборави стрпљење, ради, и ухватићеш ту стрелу живота која те прожима. Претворићеш је право у речи“.

Прошле године, Велико Срце и ја смо ишли на Мадагаскар. У граду Антсирабе водич нас је одвео у продавницу за туристе. Да би нам спаковали оно што смо купили, продавци су имали на располагању старе новине из времена када је председник Ратсирака био комуниста, недељне новине штампане у Москви, а звале су се *Култура и живот*. Погледала сам хартију на пакету и замолила продавца да ми да један број који ми је измамио радостан узвик: теби је био посвећен. Био је то прави поклон од продаваца, јер на Мадагаскару свега недостаје. Увече, у хотелу „Терме", остатку колонијалне архитектуре која је унутра преправљена у најчистијем стаљинскоме стилу, задубила сам се у читање. Нађох фотографије групе младих Малгашана у посети Јасној Пољани, твоје трпезарије, радног стола, твога гроба. Веома једноставан, без крста, без натписа, без споменика, хумка од земље покривена лишћем опалим са дрвећа. Прочитах ту дуг чланак о Лењиновом мишљењу о теби. Он о теби говори, као добар пример дијалектичке критике, са једне стране као о „генијалном романсијеру који је немилосрдно критиковао капиталистичку експлоатацију, раскринкавао насиље које је чинила влада, комедију правосуђа и државне администрације, откривао сву дубину противречности између, са једне стране, повећања богатстава, освајања цивилизације и раста беде, некултуре и патње радничке класе", а са друге стране, о „земљопоседнику који је играо просвећенога", о „опустошеном и хистеричноме плачљивку којег називају руским интелектуалцем који говори, јавно се лупајући у груди: 'Ја сам изопачен, ја сам грешник, али се трудим да се поправим; уздржавам се од меса и сада се храним пиринчаном кашом.'" (Наравно, за Малгашане осуђене само на пиринач, предност такве дијете мора изгледати небулозна!) Чланак је – што је мени падало тешко, јер нисам никако могла да те браним против тога што је написано пре тридесет година – читан у земљама под комунистичком влашћу, 1978. године. И шта је остало од свега тога? Који одјек је то имало у оној земљи сиромашној међу сиромашнима? Француска колонизација коју је заменила совјетска колонизација, а сада Међународни монетарни фонд који уводи земљу у мондијализацију кроз најнижа врата. Као и увек, трговина. Остаје ММФ. Остаје трговина. Стона гарнитура за шест особа купљена за неколико франака на пијаци у Тананариви, а таква иста је виђена по четрдесет франака за сваки комад, што чини укупно двеста четрдесет франака у радњи на Монмартру. Наравно, ту су трошкови превоза! Ти си већ говорио како је у производњи памучног платна сатница радника била мања од сатнице коња. Као што видиш, и даље је тако.

Размишљала сам о томе умотана у ћебе – хладно је у Антсирабеу, а Велико Срце је могао закључити да нам није увек топло у тропским пределима – и плакало ми се: шта остаје од тебе, шта остаје од тебе, љубави моја? Папир за паковање, папир за завијање предмета које купе туристи, брушеног драгога камења, циркона и сафира, луксузних ствари којих си се гнушао. Од тебе остаје папир за бацање.

Онда сам се сетила једног малога призора из *Рата и мира*. У Отрадном, Наташа која не зна шта ће са собом у одсуству кнеза Андреје, иде уза степенице и низа степенице, изговарајући на свакој степеници реч Мадагаскар, Мадагаскар! као да је то какво чаробно име способно да је спасе мука, неко место заборава, новог почетка. Нигде у оним новинама није поменуто то место из *Рата и мира*. Ја ипак уображавам да се то место у роману свиђало Малгашанима. Али тако пролази идеологија.

О, Љова, нема смисла поново почињати. Ветар ће однети твоје странице као што ће однети и моје писмо. Бићемо расејани, бићемо раздвојени. Постојаће само ово кратко време, ово кратко време на земљи које имам да те упознам, кратко време које ми је накнадно дато, ово кратко време за које ћу у глави, поред неколико речи и неколико болова што ћу успети да из ње извучем, носити немоћну бригу да причиним задовољство и усамљеност своје радости.

И три-четири лудо љупка осмеха.

Прими моје писмо.

О АУТОРКИ

Паскал Роз је рођена 1961. године у Индокини, где је провела детињство, јер је тамо служио њен отац, поморски официр. Школовала се у Француској – најпре је студирала француску књижевност, али пошто је упознала чари позоришта, определила се за њега. Са пријатељима је основала позоришну трупу, писала комаде, глумила. Писала је и објављивала и новеле (збирка ПОРЕМЕЋЕНЕ ПРИЧЕ).

Велики успех је постигла романом ЛОВАЦ НУЛА за који је 1996. добила Награду за први роман и Награду Гонкур. Овај роман је преведен на српски („Драганић", 1997). Следе романи ГВОЖЂУРИЈА (такође преведен на српски („Драганић", 2000), РАЗГОВАРАЈМО, ПОБРКАНЕ ПРИЧЕ, ЧОВЕК БЕЗ СУЗА, ИТСИК, СРЦА СЕ ДАНАС ОТВАРАЈУ.

Мали роман ЛЕТЊЕ ПИСМО (Толстоју), објављен 2000, добио је Награду Maurice Genevoix.

Осим књижевног, Паскал Роз се бави педагошким хуманитарним радом у домовима за децу без родитељског старања и у женским затворима. Од 1997. године била је члан међународног жирија за Награду Прометеј која се додељује за необјављену збирку новела. Сарађује у радио емисијама. Живи и ради у Паризу.

Паскал Роз
ЛЕТЊЕ ПИСМО
(ТОЛСТОЈУ)

Уредник
Мирјана Милосављевић

Ликовни уредник
Ратомир Димитријевић

Графички уредник
Драгана Ристовић

Издавач
ИП „Просвета", а.д. у реструктурирању
Београд, Чика Љубина 1

За издавача
Јован Јањић, директор

Штампа
„Сајнос", Нови Сад

Тираж 1000

2012.

ISBN 978-86-07-01957-1

CIP – Каталогизација у публикацији
Народна библиотека Србије, Београд

821.133.1-31

РОЗ, Паскал, 1954-
  Летње писмо (Толстоју) / Паскал Роз; превела с
француског Анђа Петровић. – Београд : Просвета, 2012
(Нови Сад : Сајнос). – 78 стр. ; 21 cm.

Превод дела: Lettre d'été / Pascale Roze. –
Тираж 1000. – О ауторки: стр. 77–78.

ISBN 978-86-07-01957-1

COBISS.SR-ID 189728524